달의 엄지발가락

지성 · 감성의 메타언어
조선문학시인선 · 282

달의 엄지발가락

허 영 둘 시집

조선문학사

자서

여기까지다.
그리고
여기서부터다.

작은 생물, 무생물인 사물들까지,
존재하는 모든 것에 애정을 갖게 된 것은
덤으로 얻은 귀한 선물이다.
나에게 와준
담쟁이 고등어 바늘 바퀴벌레…… 들에게
고맙고
미안하다.

첫 매듭을 계기로
내 글이 좀 더 단단히 여물어지기를 소망으로 남기며.

2010년 가을
허 영 둘

허영둘 시집

달의 엄지발가락

자서

책머리에

제1부

제2부

제3부

시집 평설

제1부

빈집

항아리는 몸이 경전이다

모난 데 없이 웅숭깊은 사원寺院

흙으로 빚은 말씀이다

침묵을 말갛게 앉힌 이 집은

맑은 날 아침 하늘 향해 창을 열고

밤이면 수도자처럼 묵상한다

내밀하게 곰삭힌 시간은 천년이 되고

햇살과 바람 달게 익어 생명수가 되는 집

목숨을 환하게 피워 올리는 것은 흑진주 같은 어둠이라며

찰랑찰랑 말씀이 고이는 집

생명을 말끔히 퍼낸 집은 햇빛 가득 안은 빈집,

결국 흙이라는 짭짤한 깨우침이 오도카니 들어앉은 집

저 홀홀히 가벼운

볕 좋은 창가에서 책을 읽는데
홀연 날아든 민들레 홀씨 한 점
책갈피 위에서 춤을 춘다

날숨에 호르르 날리는 저 가벼움

어느 가풀진 언덕이나
아스팔트 갈라진 틈새가
제 터전이었을

이 세상에서 다음 생으로 건너가는
저 홀홀히 가벼운 춤사위
이리도 환한

나이를 먹다

찬밥 더운밥 가리지 않고 참 많이도 먹었다
웃음은 팝콘처럼 튀겨 먹고
스무살은 갓 끓여낸 선짓국처럼 후후 불며 먹고
시어머니는 고추장에 콕 찍어 칼칼하게
잠은 파자마처럼 헐렁하게 먹고
그리움은 공중에 둥실 띄운 살구꽃 한 채
만개한 분홍으로 흐드러지게 먹고

골목시장 생선 파는 민수 할머니의
고등어 다듬는 칼날에 말랑말랑
먹고 싶은 손자들과의 여생이 있고
거리로 내쫓긴 철거민들 구호에는
마주앉아 먹고 싶은 따뜻한 밥상이 있다

우련히 붉은 노을에 입맛 빼앗긴 봄날
물 말아 후루룩 하루를 비우고
뉴스 앞에 앉으니 거리로 내몰린 이들의

짜디짠 눈물 입안으로 고인다

나이를 왜, 먹는다고 하는지 알겠다
배가 억만고億萬庫니라
어머니가 자주 하시던 말씀
채우고 비우며 예까지 오는 동안
내 나이에도 깊은 맛이 조금은 들었을까

중력에 맞서다

지구가 둥글다구요?
때로는 삐걱거리는 자전自轉소리에
밤을 꼬박 새우는 걸요
그런 아침이면
각角진 하루를 착착 접어
배낭에 넣고 산에 오릅니다

산 초입에 왈칵 쏟아놓은
루비보다 붉은 채송화를 만납니다
반짝이는 꽃술 따라가다 바라보니
세상은 커다란 보석함입니다

수액으로 지은 집, 산문山門은
늘 둥글지요
산딸나무 물푸레나무 생강나무
둥근 이름 입 안에 굴리면

산길 넌출하게 풀어지고
어깨를 누르던 햇살이
수피향에 댕글댕글 부풀어
이파리 위를 구릅니다

속엣말 다 풀어놓는 바람에게
나도 속내를 조금씩 드러내며
숨 고르는 중턱
내 키가 어느새 쑥 자라 있습니다

정상에 오르니
배낭 속 하루도 둥글게 부풀고

저녁뉴스에 장미란선수가
중력을 번쩍 들어올리고 있습니다

흙밥

옛날 같으면 우리 나이는 벌써 흙밥 됐을 기라
여든 줄 어머니, 죽음은 흙밥 되는 거라 이르시네

어릴 적 조개껍질에 담아 신랑 밥상에 차려주던
흙밥을 나는 떠올리네
더벅머리 신랑이 맛있다며 냠냠 소리로 먹던 흙밥
그 흙밥 먹으며 우리는 쑥쑥 자랐어

그러고 보니 저 산정의 묘지들
고봉고봉 담긴 흙밥이네
저 밥 먹고 산정밭 취나물이 자라고
저 밥 먹고 노루 토끼가 자라며
저 밥 먹고 파랗게 떼로 일어서는 봄
파랗게 봄으로 일어서는 흙밥

아가 잘 지내제? 너거 엄마 허리 병은 좀 어떻노?
아버지 목소리, 산수유에 방울방울 달리고

소나무 잎 상수리 가지에도 있네

지구 위 뭇 생명들 두레반에 둘러 앉아
포슬포슬 밥 떠먹는 소리 달그락거리는 소리
이 봄이 소복하네

청머루 그늘에서

힘줄 굵어진 잎사귀
탱탱한 햇살 밟고 간다
조막손이 말아 쥔 허공을
성큼성큼 딛고 간다

내딛는 발자국 아래로
푸른 그늘이 내린다
세상 따가움 견딘 이만이
품을 수 있는 담담한 그늘이다

누군가에게 한 뼘의 그늘도 되지 못한 내가
넉넉한 그늘에 하루를 기대고 보니
칠월에 문득 미안하다
무성한 초록의 정수리까지
물 길어 올리는 칠월의 노고를
잊고 있었다

살아가는 동안 누군가를 위해
머룻잎 한 잎만큼의
잔잔하고 환한 그늘이
될 수 있을까

너의 밥이 되고 싶네

알 수 없는 네 속
구불구불한 미로로 들어가
훤히 들여다보이는
네 뼈와 살의 지문指紋 낱낱이
새겨 읽고 싶네

너의 밥이 되고 싶네

마을의 길들 모두 끊기고
벼랑처럼 절룩거리는 네가
어둠의 허기 같은 저녁을 데리고
내 오두막으로 스며들 때
소복이 담긴 고봉밥처럼
따듯하고 윤기 흐르는 하루
배불리 먹이고 싶네

먹어도 먹어도 물리지 않는
밥 같은 세상 차려주고 싶네

사랑은

가지 떠난 은행잎이
팔랑팔랑
지상에 내릴 때까지
허공에서의

그 한 소절

가을, 탄천

꽃이 지려는지 바람 스산하다
소슬한 마음 여미며 천변을 걷는다
하루만큼 더 깊어진 하늘에 기우뚱
해가 걸리고 드문드문 구름이 잠겨있다
한 무리 자전거 해 지는 쪽으로 굴러 간다
은빛 바큇살 사이로 햇살이 으깨진다

바람이 분다
감국이 마르고 구절초 향기 더욱 짙다
하얗게 흔들리는 억새꽃 위로 새떼들 솟구쳐 오른다
물 가운데 섬 하나 새로 생겨
고방오리 한 쌍 깃을 털고
미끄럼 타듯 흘러온 물이 모래섬 굽이돌아
어디론가 바삐 간다

해는 점점 하늘가로 멀어지고
서걱거리는 억새밭에 풀벌레들 요란하다

길섶에 빈 의자 하나 계절처럼 쓸쓸해
슬쩍 몸 기대니 전류처럼 찌르르한 냉기
문득, 북받치듯 사람이 그립다

겁외劫外

1.

누더기 옷과 고무신이 있는 유리진열대 지나
사뭇 엄숙한 관람객 사이를 빠져 나온다
소나무 굽은 등 너머로
능소화가 기와담장을 넘어가고
향나무 동백나무에 팔월 오전 여덟시의
햇살이 내리고 있다
시간 밖으로 떠난 고승의 동상 앞에
몇은 사진을 찍고 몇은 참배를 하고

2.

바깥 소나무 그늘에서
말린 취나물과 서리태 두어 됫박 펼쳐놓고
손님 기다리는 할머니들
손등 주름과 취나물 뭉치의 뒤엉킨 무늬가

푸르던 시간을 찾아가는 무슨 미로 같다
취나물 두 뭉치 비닐에 담아 그늘을 나오는데

문득 앞을 지나치는 얼굴
흰 얼굴 갸웃이 빠른 걸음의
여전한 그가 휙,
서른 해를 순간으로 그으며 스쳐간다
한 시절 나를 그토록 아프게 하던,
내 생의 바깥으로 떠나버린 이름
아내인 듯한 동행과 정답다
어느새 중년인 그가 손으로 해를 가리며
왼편 대웅전 쪽으로 들어갈 때
다른 시공에 선 것 같은 그를
망연히 바라만보다 차에 오르는데
절 앞 연못에 백련이 전생이듯 아득하다

달의 엄지발가락

발은 진화를 기록 저장하는 소금창고
그분은 발로 세상을 창조하셨지요
이브를 유혹한 뱀은 발 대신 사족蛇足을 얻어
풀숲 길이 되었습니다
농부는 거친 흙에 발 묻어 잎을 틔웁니다
그 잎 따라 풀벌레 울음이 돌아오고
바람은 보따리 풀어 장을 세우지요
어린아이 첫 발걸음은 그 부모의 우주
작은 발이 밀어 올리는 콩나무는 구름이 됩니다
달팽이의 걸음은 구름의 운행을 돕지요
때로 발은 길과 뒤섞여 미로가 되는데
이때 구름의 보법이 유용합니다
봄비가 보리밭을 자근자근 밟는 일이나
아스팔트에 발자국 꾹꾹 찍는 낙화는
허공을 실하게 엮으려는 발의 의지
이보다 환한 의지를 나는 알지 못합니다
공룡의 흔적은 차가운 발로 남지만

그 발로 달려온 사람의 저녁은 따스합니다
길을 움켜쥔 발가락을 거둬
수축과 이완을 반복하는 저녁
차르륵차르륵 바다를 굴리는 소리
달이 발가락으로 밤새 대양을 굴리는 것은
아침을 데려오기 위한 것
달의 엄지발가락이 굳은살로 딱딱합니다

재즈 스토리

비가 안개처럼 흐르는 봄에
안개보다 더 안개 같은
재즈에 갇히고 싶으면

재즈보다 더 재즈처럼
흐느적이는 빗줄기를 보고 싶으면
삼청동 26-2 재즈스토리로 가서
창가로 자리를 잡아라

케니지 색소폰 선율이
창밖 신록을 휘감고
와인잔 속에 비단 같은
안개비 내려 그리운 이름 하나
가만히 띄워 줄 것이니

재즈보다 더 감미로웠던
이름 따윈 마셔버리고

저 봄비에 대해서만 이야기 하자
봄비가 적시고 가는 것에 대해서만
그 아득한 것들에 대해서만

비는 무심히 내리고

자정을 지난 지는 한참 됐고
날 밝으면 학교에도 가야 하는데
펼쳐놓은 시집은 왜 이리 소란스러우냐
책을 덮고 베란다로 나가볼까
블라인드 걷고 유리문을 미니
축축한 공기가 거실로 밀려오고
하수관 둥근 기둥 속에서
울려 나오는 물소리
눈 크게 떠 봐도 창밖은 깜깜 어둠이네
창문 열어 손 내미니 손바닥에
다다다다 아, 밤비가 오시는구나
비는 무심한 듯 고요히 내리는데
하수관은 출출거리고
시끄러운 집들이 눈을 뜨고
밤을 새우는 건 아닌지
나만이 소란스런 속 부둥켜안고
밤을 가고 있는 것인지

스위치를 내린 사과밭

스위치 내린 사과밭이 하얗다 연사흘 계속된 눈은 비탈진 언덕을 덮고 붉은 그늘 맺혀 있던 자리에 육십 촉 전구들을 매달아 허공까지 환히 밝힌, 흰빛이 점령한 사과밭은 추상으로 가는 통로처럼 미묘하다

지난 한 시절 허공에 푸른 집 한 채 앉혔던 사과받은 이제 그날의 기둥만을 간직하고 있다 허공 넓혀 영토를 키우고 다디단 그늘 매달았던 거기, 죽을 힘 다해 기둥을 밀던 뿌리들, 쉴 새 없이 빛을 퍼먹던 초록 숟가락들, 햇살이 붉게 덧칠하던 그늘은 향기를 뿜으며 익어갔다 붉게 익은 그늘 아래 서면 상처처럼 눈물이 고여 둥글게 매달린 그것이 향기가 아니라 그늘임을 알았다

지금 사과밭은 흰빛으로 직조한 지붕 아래 들었다 화가들이 화폭에 담고 싶어 하는 순수의 색, 숲을 둥글게 말아 흰 껍질 속에 가두는 새처럼 지난 시절의 푸른 기둥과 숟가락들 붉은 햇살까지 천 갈래 실핏줄 같은 미로 속에 가두고 지상으로 향하는 문을 닫았다 그 위로 흰 눈 내려 사과밭은 다시 완벽의 무봉無縫, 어둠 깨고 나오는 부리들을 맞을 때까지 나도 이제 집으로 돌아가 면벽하고 피정에 들 시각

섬진강을 키핑해 바람의 이름을 쓰다

봄이 먼지를 일으키며 지나갔다

밀린 방값과 한숨을 지불하고도 눈물이 남아 손톱만한 달을 샀다 창문에 우표 같은 달을 붙이고 부치지 못할 마음을 접으면 손톱이 욱신거렸다 강으로 달려갔으나 수만 마장을 풀어내는 두루마리 강은 내 손가락 하나를 묶지 못했다 매화꽃 가득 실은 기차가 하루 두 번 지나갔는데 꽃 진 자리에 열매가 마침표처럼 맺히는 계절이므로 환시幻視라는 것을 알았다 강의 발원지를 거스르며 꿈을 흠뻑 적신 아침이면 손으로 문지르는 것마다 붉게 물이 들었다

칸나는 그때 문득 피었다

붉은 것은 울컥거리는 습성이 있어 좁은 울을 어지럽혔고 태양은 칸나의 목젖을 자꾸만 자극했다 야생마처럼 폭우가 밟고 가는 동안에도 칸나의 토악질은 멎지 않았다 치명적으로 뜨거운 여름이었다

허천난 속을 안고 강으로 간다 무럭무럭 커가던 강도 수척해 있다 가을이 주춤주춤 산마루를 내려온다 발가락이 축축이 젖어오고 강물이 삼투압처럼 스며들어 정수리가 아뜩하다 가벼운 취기에 돌아보니 구름이 젖은 솜처럼 수면에서 일어서지 못한다 저 구름처럼 혼미해질 때 까지 강을 퍼먹지 않아도 조금씩 흔들리는 계절이다 흔들리는 것은 바람에나 주고 산 그림자처럼 무심하고 싶은 저녁이다

4월에

꽃을 데리고
비가 온다

자욱한 물보라 앞세우고
꽃보라 몰려온다

내 생의 4월에
빗물 같은 사랑이 왔던가

아득한 미혹迷惑 앞세우고
천지에 열꽃으로 번졌던가

천원어치의 시간

산책에서 돌아 온 남편 손에
들려온 것들

절반은 콩이 달아나고 없는 콩나물
풀이 푹 죽은 상추
가시 없는 가시오이

파장 무렵 난장에 생계를 펼치고 앉아
천원 떨이를 못해
자리 못 뜨는 할머니에게
천원어치의 시간을 드리고 맞바꿔 온 거라며
남편 얼굴이 환하다

천원어치의 시간은 얼만큼일까

할머니는 동그란 밥상에서
이른 저녁을 들고 계실까

어머니의 시詩

달빛 어룽대는 우물에
밧줄 긴 두레박 내려
잠든 수면을 흔든다
깊이 갈앉은 수심水深
두드린다

새벽의 속살같이 파릇한 샘물은
오이냉국이 되고
수박화채가 되고
두 손 모은 정화수 기도가 되었던
온 몸으로 써 내린
어머니의 시詩였다

쉼표를 찍지 못한 어머니의 시에
말줄임표와 느낌표가 유독
많았음을
내 나이 늦어서야 깨달았다

겨울, 무주

지우개 같은 눈 내려
가뭇한 젊은 날은
지워지고 없었네

눈을 감기는 눈발에
잉크 바랜 기억들마저
연신 흩어져

지독한 무화無化, 숨죽인 침묵의
대평원에서 나는
흐린 생각을 닦으며
옛날의 그것을 더듬어 보네

어디쯤일까
청보석 하늘
마당에 빨갛게 가을이
머물던 그곳은

우리 동네 골목에는

간선도로에서 우리 동네로 꺾이는 모퉁이 양켠에 부농정육점과 삼전세탁소가 있다 송아지처럼 예쁘게 생긴 부농아주머니 아침 일찍 싹싹 골목을 쓴다 반들반들 잘 닦여진 길이 뚜벅뚜벅 걸어온 소의 내력 같아 주부들 들락거리며 한두 근씩 이력을 사간다 게릴라처럼 침투한 대형마트에 하나 둘 이웃을 잃어도 한 다발 웃음 얹어 서운함 대신 건네는 넉넉한 마음씀이 소를 닮았다

줄줄이 매단 물음표에 척척 모범답안을 걸쳐 놓은 세탁소 유리문 앞에 하루 종일 햇빛이 산다 펴지지 않는 생을 맡겨도 손색없을 듯한 삼전 아주머니와 두 사람은 하루 내내 마주보는 친구 사이다

콧김 뿜으며 다려놓은 골목길을 소처럼 성실한 발자국들 뚜벅뚜벅 하루를 찍는다

별이 식은 깊은 밤, 새벽부터 되새김하던 골목이 길게 드러누우면 두 사람은 서랍을 닫듯 조용히 골목을 닫는다

두 아주머니가 한 자락씩 끝을 잡고 있는 우리 동네 골목에는 놓을 수 없는 내일이 산다

돌연변이

각기 다른 행성에서 온 생명체끼리 만나면 돌연변이를 일으킨다지 저 20세기 초 유럽을 휩쓴 스페인 독감도 이 돌연변이바이러스 때문일 거라는데 핼리혜성이 꼬리로 남긴 우주생물체가 대기에 떠 있다가 지구로 내려오면 돌연변이가 생길 수 있다는데……

너와 나도 각기 다른 별에서 왔을까 그때 밤마다 내 가슴을 밝히던 빛들은 네가 긋고 간 꼬리였나 그날 이후 열에 들뜬 불면의 밤과 치유되지 않는 몸살기는 우리의 잘못된 만남이 만든 변종 바이러스 때문일까

오동나무에 리본을 묶으며

— 황종권의 시 「이팝나무에 비 내리면」 따라하기

당신은 서울을 떠나는 나에게 무슨 흔적을 남겨두자 했지요 우리가 다녔던 길목 오동나무 둥치에 보라색 리본을 묶으며 리본이 날개를 파닥이면 데리러가마 약속을 하였지요

밤마다 오동나무 아래로 달려가는 꿈을 꾸었는데요 우리가 묶었던 리본이 보라색 등꽃으로 피어나곤 했었지요 날이 갈수록 짙어지는 꽃향기는 내가 미리 맡아버린 슬픔이었을까요 등꽃은 색이 짙어질수록 울먹울먹 눈물만 키웠던 거예요

당신이 보내준 핑크색 스카프가 날개를 꺾어버린 리본이었을까요 스카프를 두를 때 마다 핑크색 여린 떨림이 오동나무 둥치로부터 전해져왔던 거예요 오동나무를 버린 것이 날개가 아니라 바람이란 생각이 들었어요

폭풍우가 몰려오기 전날 밤은 바람 한 점 없이 고요했지요 하늘은 내가 풀어 날린 스카프가 날개를 다는 꿈으로 홍성거렸고요 조카의 나비표본을 망가뜨려 혼나기도 했지요 내가

날려 보낸 나비는 더듬이를 다친 걸까요 나뭇잎을 흔드는 바람소리가 거칠어지네요 가지를 스치는 바람에선 당신의 발소리가 느껴져요 이런 날은 당신의 발자국 위에 내 발을 얹고 춤이라도 출까요 나는 당신에게 날개를 달아주던 아이였을까요

당신의 머리칼에서 풍기던 로즈마리향이 저 달을 끌어당기는군요 안개 낀 숲속에선 젖은 짐승의 발소리가 들려오고요 당신의 발자국은 어느 곳을 향하고 있나요 오동나무에 달빛을 묶으면 우린 춤 출 수 있을는지요

즐거운 성묘

새벽을 달려온 성묘객들에
산이 서둘러 빗장 푸는지
때까치 일제히 날아오르네
청잣빛 하늘 성큼 내려오네

줄 맞춘 무덤들 사이로 구절초 억새꽃 피어
환한 경계 사이 누운 아버지 이웃들
억새꽃 같은 구절초 같은 손 맞잡고 허허허허
웃으시네

국화향기 한 다발 머리맡에 풀고
아버지 가을바람이 차시지요?
아랫목에 손 넣는 아들
둥글고 따뜻한 세상의 통로를 만지네
소슬바람 한 줄 투명하네

석 잔 술에 후끈하신 아버지가

이 골짜기의 역사를 책 없이 줄줄 읊으시네
눈 흘기는 어머니 손 붙잡고
나그네설움 한 소절로 산등성이 넘네
아들 딸에 차례로 술 따르시니
한 순배 술잔이 도네
한 순배 아버지 돌아가네

악어의 눈물

전화기 속으로 악어가 들어왔다
지상에 남은 마지막 낙원 아마존으로 오세요
긴 주둥이로 툭툭, 한낮의 무료를 건드린다
꼬리 흔들며 아마존을 데려온다
도시에 악어가 산다
어깨 부딪치며 건널목을 지나고
함께 엘리베이터를 탄다
성장盛裝한 예의 바른 악어에게
목을 선뜻 내줄 뻔한 적 있다
백화점은 악어가 우글거리는 늪지대
사람들은 악어를 쇼핑하고
악어 이빨 사이로 발을 넣는다
먹잇감 풍부한 도심은 최적의 악어 서식처
단단한 비늘로 늪을 떠돌며
사냥한 먹이를 물 속 깊이 끌고 가지만
스스로는 젖는 법이 없다
악어가 도시를 키운다

쩍 벌린 악어 입 속을 드나드는 도시
둘은 공생하며 몸집을 불린다
악어가 키운 도시는 악어를 닮았다
광채 띤 거대한 몸뚱이는
두려움과 경외의 대상
포식자의 눈은 밤이면 붉게 빛나고
먹이를 삼킨 도시는 눈물을 흘린다
악어의 눈물로 키운 도시
도시가 키운 악어들이 악어병을 앓는다

가을이 오는 길

가을은
물감처럼 번지는 저녁 어스름에 묻어서 온다
어둠은 서늘히 잘 생긴 가을을
마을의 창틈마다 끼워놓는다

봄이 설레는 가지 끝 풋잠 깨우는
장조의 경쾌한 음을 밟고 온다면
가을은 깊어가는 못물 위 갈숲 그림자 같은
단조의 음색으로 느릿느릿 온다

빗줄기 한 차례 후두둑 뿌리고 가면
짙은 산색山色 풀어 헤친 강은
덧칠할 물감을 예비하고
감당키 힘든 추억의 무게를 부려놓은 가을은
또 한 차례 열병을 예감한다

제2부

파도

섬은 바다에 갇힌
종신 유배지

섬에 갇혀 살면서
한사코
뭍을 향해

가슴으로 밀어올린
그리움이
포복

춤추는 소나무

길을 잃고, 잃은 길 위에서 문득 만났네

산을 내려온 안개가 길을 막으니
갈 수 없는 길은 스릇, 나를 풀어주었네
새벽에 길을 잃는 것은 흔한 일이 아니어서
남은 하루해를 가늠하며 여백 속으로 걸어갔지

푸르게 흔들리던 보리밭은 안개에 묻히고
4월 안개에서는 사막의 냄새가 났어
나는 방랑을 기꺼워하는 사막의 여행자
이 몽환은 해 뜨면 사라질 신기루 아닌가

어디선가 성성한 바람이 불어왔어
검푸른 구름머리 이룬 소나무들이
안개로 부풀어 오른 언덕을 유령처럼
떠다니고 있었네

보랏빛 감도는 소나무 숲에 드니
둥둥둥 환청 같은 북소리 들리고
멈춘 듯 역동적인 군무群舞
모였다 흩어지며 노송의 허리 휘감는
안개는 흡사 죄인의 숨결
세월을 업은 채 온 몸으로 비트는
춤사위는 하늘 향한
어느 영혼의 곡진한 언어였네

어쩌다 잃은 길에서
하늘과 땅이 만나는 매혹을 보았으니
길은 구태여 찾지 않아도 좋으리

사막의 붉은 달처럼 해는 떠오르고

자목련

쟁그랑 쟁그랑 저 크리스털 술잔들
누가 저 많은 잔을 다 채웠나
밤새 지하 저장실 오르내리는 발소리
코르크마개 따는 소리
펑퐁 봄은 터지고

들썩이는 것들 불러다 놓고
홀짝홀짝 잔 비우면
얼큰한 햇살 수작 걸어오고
바람나 도망치고 싶은
봄날은 쉬이 가겠다

잠깐 벙글었다 툭툭 져버릴
향기의 집에 갇힌 나는
수인囚人인가
누군가 건네는 잔을 비우고
보라색 그늘에 누우니 서서히 심장을

멎게 하는 저, 성스러운 독배
치명적 독백, 봄이 건네는 전갈
온 몸에 퍼플퍼플 번지겠다

목련

사나흘 짧은 목숨
학처럼 살다 간
백혈병 누이
혼으로 돌아간
허무의 빈 가지에
하늘 한 자락
만장으로 펄럭이고 있구나

수박

불을 품었다

보호색 두르고
풀밭에 숨어
도모하는

한여름의 적화야욕赤化野慾

담쟁이

소문에 따르면
저 담 너머에 강이 흐르고
오만가지 풀들 모여 사는 강둑에는
차별 없는 햇빛 종일 머물며 풀들의
젖은 발을 닦아준다 했네

경찰서 담벼락 타고 올라
기어이 넘어설 때 아뜩한
벼랑은 죽음보다 유혹적이었지
지느러미 흔드는 강이
잡힐 듯 가까웠으니

하지만 희열은 거기까지,
나아갈 수 없는 길은 담장보다
더 지독한 벽이라고
구둣발에 뭉개진 꿈의 모가지들
말하고 있었네

통째 떠내려가고 싶은 바다나
꽃 피우고 싶은 강둑 위 미련도
내가 발을 담근 곳, 나의 뿌리에서
자유로울 수는 없었다네

망초꽃

여름날 천변에 가면
무더기로 내려앉은 별떨기
은하 되어 흐르는 물길을 만난다

일상의 행간을 건너
그 물길에 몸 실으면

아득한 들판
하얀 망초 덤불 속에 함께
꽃이 된 아이들 보이고
어지럼 타던 포플린 원피스 자락도
만난다

자잘한 꽃무늬 팔랑이는 옷자락 따라
눈길 흔들리는 하늘 멀리
풀꽃 같은 손목에 꽃시계 묶어주던
오빠가
구름 뒤에 웃고 있다

분홍달

바다 위에 분홍달 떴어요
영랑 생가 대숲 아래 툭툭 붉던 동백
그 발자국 쓸어안고 그렁그렁 붉어요
오늘밤 마량항에 걸린 달은 동백꽃 무덤
바다를 마시고 활활 취한 시인들이
어둠 속 다비식을 지켜보네요

목숨진 꽃들 밤이 되면
하늘로 간답니다
도시를 떠나올수록 별이 왜 많은지
여름밤 산속에 절정으로 쏟아지던
별이 풀꽃들 낱낱의 발자국인 줄도
이제는 알겠네요

저 분홍달 잦아든 자리에
영롱한 사리들 남을 거예요
저 별들 모두 꽃의 뼈인 거죠

느티나무

하루가 열리고 닫히는 마을 어귀
늙은 느티나무 한 그루 삐뚜름한 허리를
버팀목에 기대고 서 있다

세상 한가운데를 단단히 받치던 중심을
놓아버린 것은
하늘로만 향하던 발길 내려
수평으로 난 마을길을 걸어보고 싶은 걸까
아니면
뿌리도 없는 저 버팀목에 기대고 싶어서 일까

지난 여름 목욕탕에서 넘어진 어머니
예전 같지 않아, 예전 같지 않아 하시며
예전처럼 복지관에도 가고
딸네집도 다녀가신다
자식들에게 짐 되지 않겠다는 일념이
어머니의 굽은 허리를 받치는

단단한 버팀목

그러나 통증으로 잠깨는 한밤
든든한 거목처럼 기대고 싶어
자식들 대문 앞을 서성이는, 서성이는
느티나무, 그림자 어머니

한라봉

제주에서
한라봉이 왔다

누가 지은 이름인지
황금빛 과실에
도드람한 봉우리
영락없는 한라봉漢拏峯이다

거실 창으로 한라산을
조망하던 시절
늦봄까지 설봉雪峰이었고
맑은 날엔 지척까지
바짝 다가 왔었다

아이들 씻기고 입혀
놀이터로 피아노 학원으로
종종거리며 하루해가 짧던 그때

탱글하게 긴장하던 그 시절이
내 생의 황금빛 봉우리였다

직장으로 학교로
가족들 집을 비운 빈 둥지에서
친구가 보내준 한라산 한 조각 깨무니
입안에서 톡톡 터지는
탱탱한 젊은 날의 기억들

토마토에 관한 기억

대여섯 살 무렵이었나
찬장 선반에 있던 빨간 토마토
뭉클 깨물었던 첫 느낌
달지 않으면 시기라도 해야지
밍밍하고 묘하게 비위를 거스르는 맛
마당에 던져 버렸다

초등학교 자연인가 실과 시간
과일 아닌 채소라는 선생님 말씀에
그 맛만큼이나 갸우뚱했던 기억

토마토처럼 뭉클 닝닝하던 첫 키스
사랑인지 호기심인지 그 중간쯤에서
비위도 약간 상했었지

오래 견디는 사랑은
달콤하지도 새콤하지도 않은

닝닝하고 밍밍한 토마토 같은
과일과 채소 그 중간쯤일 거라고
그게 오래오래 사랑을 지키는 비결이라고

마당에 던져 버렸던 내 첫 미각은
거듭된 수정 끝에
쉬이 질리지 않는 토마토 그 속에 숨은
풍부한 맛을 애써 탐색 중이다

복숭아

도공은 보이지 않는다 달이 백도처럼 익고 있는데 달항아리 빚던 사내 여기 없다 낙관 한 점 붉게 찍어놓고 하늘은 모르는 척 말이 없어 거처 모르는 바람의 행방이나 가늠해 본다 칠월은 고매한 정신마냥 푸르고 장인이 목숨으로 지키던 가마 속 열기에 여름은 명품으로 완성된다

초록 불길에 달이 아주 익어 밤길마저 환할 때 다시 그는 오리라

옹기종기 매달린 항아리들, 달을 가득 채운 달항아리들에게서 향기가 뿜어져 나온다 비할 바 없는 향기를 깨물면 이른 봄부터 햇빛 쓸어 모으던 비질 소리 들리고 햇살 뭉쳐 물레를 돌리던 손금 없이 맨질한 손이 만져진다 바람의 가닥을 한 줄 한 줄 고르던 고집스런 그의 숨소리, 달빛에 떠는 심장도 물컹 씹힌다

가마 속 불길 잦아들고 달을 모두 비운 항아리들, 머물 수 없는 달처럼 지체 없이 저물어야 할 때, 빈 항아리 짊어진 한 사내 가을이 오는 길로 뉘엿뉘엿 가고 있다

진도 봄동

눈길 천리 달려온
바다가
푸른 혈맥을 펄떡인다

눈 오는 창가
김 오르는 식탁에 둘러앉아

진도 회동리 바다
시퍼런 치마폭에
겨울을 꼭꼭 싸서

볼 미어지게 씹으면
때 이르게 찾아와
입 안 가득 퍼지르는
달큰하고 비릿한 봄의 향내

아름다운 날에

— 11월에 결혼하는 아들 동결이와 나현이를 위해

여기, 긴 여정의 동행을 시작하는 그대들
발 아래 길은 두 사람을 위해 치장되고
모든 이들의 말씀은 축복으로 가득 차 있다
오늘은 하늘이 마련하신 그대들의 날
저 꽃길을 걸어 새롭게 열리는 세상 향해 나아갈 때
아름다운 예감으로 눈은 빛나고
먼 길 함께 할 안도감에 가슴 따듯하리

자식의 행복을 지켜보는 것은 부모의 큰 기쁨
듬직하고 지혜로운 두 사람을 향한 신뢰와
새로운 자식을 맞이하는 설렘으로
나이든 우리도 그대들처럼 심장이 뛴다네

사랑하는 것은 봄볕처럼 환한 행복이며
결혼은 쓸쓸한 삶에 얼마나 큰 위안인가
함께 아침을 맞이하고
함께 가을을 보내며
삶은 긍정으로 빛나고

생명은 충실히 익어가리니

유리그릇처럼 소중히 사랑하고
빵처럼 늘 신선하게 사랑을 구워라
처음 사랑이 왔을 때를 기억하며
이마의 땀을 닦아주고
어둠 속에서 손을 놓치지 말아라
따뜻한 배려와 유순한 마음, 눈부신 용서는
모두 사랑의 한 모습이니
사랑으로 이루지 못할 것이 없으리
사랑으로 견디지 못할 것이 없으리

사랑보다 더 사랑하고
영원보다 더 영원하라
해와 달과 별, 세상 모든 것의 이름으로
기원하오니
부디 행복하시라
행복하시라

고등어

바다가 그리운 날
고등어를 산다
탱탱하게 살이 오른 바다가
비닐에 담겨와
비린 파도소리를 낸다

그립다
그립다
파도가 토하는 말을
등에 새긴
시詩라는 이름의
고등어高等語

그리움이 저러할까
속살이 붉다

냉장고

어머니 품보다 넉넉하고
할머니의 옛날이야기보다 교훈적이지

자아를 찾아 나선 어머니
전설이 돼 버린 어머니 젖가슴 대신
신발을 벗어 던진 아이가 달려와
안기는 곳

열어젖힌 품 안에는
모징을 빗댄 규격품 그득하고
사랑을 포식한 아이는 밀폐용기 속에
제 몸을 가두지

비정함은 최고선最高善이야
차게 더 차게
한 눈금의 온기도 용인되지 않는
세상을 들락거리며 아이는 오래오래
생생하게 살아남는 법을 깨치지

가스불

시금치를 데친다
건져낸 나물은 흙에서보다
푸르다

손가락만 살짝 대면 화르르
열 올리는 네 개의 분화구
울퉁불퉁한 고구마를
포근포근 구슬리고
개성 강한 양파 고추 된장들
바글바글 속 끓여
조화롭게 만드는 재주도 지녔다
나는 하루에도 몇 번씩
나를 말랑하게 굽고 싶어
무거운 마음을 올려 보지만

단단한 뼈도 구워삶아
살아온 내력을 구수하게 풀어내게 하는

힘을 가진 그도

나를 버렸다

이렇게 단단한 껍질은 본 적이 없다며

공기 정화기

어느 전능하신 손길이
저만큼 하랴

보이지 않는 허공을 걸러
맑게 맑게 헹구는

들숨과 날숨
착한 숨쉬기

훌라 전자레인지

둥글둥글 도는 세상
스텝 바이 스텝 이런 거 몰라도 돼요
설익은 생각, 단단한 고집, 물컹한 게으름
요리조리 해결 안 되는 세상사 몽땅
무대에 올리고 둥글게 둥글게
춤이나 추자구요
까짓 거 세상살이 뭐 별 거 있나요?
졸이고 볶고 속 태우던 어제
부글부글 끓어 넘치는 오늘
이제 싹 잊자구요
빙글빙글 춤이나 추며
손 끝 하나로 살맛나는
세상 만들어 보자구요

자, 저와 몇 분 추시렵니까?

바늘

입을 열어
따끔한 말로 일침을 놓을까

말이 산을 이루는데
나까지 말 보태어 무엇하리
귀 하나만 열어둔 채
실금 그어지는 소리까지
들을 테야

나는 본래 무쇠덩어리
꼿꼿한 뼈 하나로 서기까지
얼마나 호된 연마였더냐

부드러운 입술로
그대들이 편을 가를 때
온 몸으로 뚫고 갈 내 걸음은
균열을 다스리고

한 땀 한 땀 내 땀에는
남루를 쓰다듬는 차가운 온기
딛고 온 자국마다
따스한 풍경 고이지

지우개

공원을 밝히던 목백일홍이 실려 나갔다
붉은 그늘도 함께 삭제되었다
나무가 있던 자리 벤치에 기억이 가서 앉는다
기억이 나무가 되어 자란다
창틀에서 자라던 수선화가 사라졌다
화분 안에 곧추 서 있던 향기와 봄볕이
가을이 다 가도록 창틀에 선명하다
댐 건설로 마을이 잠겼다
물속으로 사라진 고향은 가슴 속에서 복원되고
향수는 마을을 지운 댐보다 깊은 뿌리를 내린다
사라진 것은 남아있는 것 보다 힘이 세다
거리에서 공원에서 미술관이나 수선화 향기에서
기억은 복원된다
그것은 단단하고 말랑하고 향기롭게
복제되고 끝없이 분열해
세상을 기억으로 가득 채운다
지우개가 세상을 복원시킨다

낙서처럼 어지러운 도시를 지우개로 지워본다
얼룩처럼 슬픈 오늘을 지워본다
지울수록 더 또렷해지는 세상이 나를 끌어당긴다
지우개가 너를 복원시킨다
오래전에 삭제시킨 너는 아직 건너편 테이블에 앉아있다
나는 나를 지워 나를 재창조한다
없는 나로부터 나는 늘 새로워질 수 있다

돋보기

슬금슬금 뒷걸음치던 활자들
오목렌즈에 발목 잡힌다

먼 데는 더욱 또렷해지고
가까울수록 스멀대는 원시遠視는

눈앞만 보고 바둥대는 내게
멀리 바라보라는
개안開眼의 주문인가

돋보기를 끼고 신문 펼치니
다시금 바짝 다가앉는
복닥거리는 세상사가 그래도 정겹다

창

창이 도시를 키운다 직선의 힘을 신봉하며 직각의 방식으로 쑥쑥 키를 세운다 수직으로 갇힌 하늘은 바람도 파문도 없는 고체 덩어리, 내장 훤히 드러내고도 속을 열지 않는 창은 벽보다 더 깜깜한 벽이다

누구나 가슴에 창 하나씩 갖고 산다 바다로 내닫고 싶은 창, 목 빼고 기다리는 창, 레이스커튼을 두른 창... 봄이면 만개하는 창은 집의 꽃이며 세상으로 들고나는 집의 구멍이다 창은 집을 닮고 집은 창으로 완성된다 제 살 고루 익히려 속을 도려낸 도넛의 창, 아름다운 소리의 구멍인 하모니카 창, 비스켓의 바삭거리는 맛은 뚫린 구멍에서 나오고 연탄의 구멍은 붉고도 뜨거운 창이다 내가 뚫은 창이 나를 키운다 말갛게 닦은 창으로 햇빛이 폭포수처럼 쏟아지고 제라늄 한 포기 창틀에 놓으면 지중해의 가을이 따라온다 밤하늘에 무수한 창이 있어 우리는 우주를 품는다 마음을 맑히는 글 한 줄은 빛나는 창이다 이 모든 구멍을 창이게 하는 사람이야말로 이 광대무변한 우주의 구멍이며 아름다운 창이다

계단

계단에 업혀 집으로 올라간다

새들이 발자국 따라
나무 구멍 속으로 찾아들 듯
집의 구멍을 접어 만든 계단으로
저녁이 총총 들어선다
통뼈 같은 빌딩 숲을 떠돌다
마디가 굳어 돌아온 사람들 앞에
등 내미는 계단은 수십 개의
구부러진 관절이다
관절 없는 것에게는 업힐 수가 없다
나도 어머니의 구부린 관절에 업혀 자랐고
어머니는 온몸 관절로 내 몸피를 키웠다
어머니의 관절을 만지면
병든 속으로 내려가는 계단이 보인다

천국의 계단이 어딘가에 있다면

그것은 한 발 한 발 숨차게 오르는
사람들의 길일 것이다
관절을 쓰지 않고 단숨에
날아오르는 비밀의 계단은
틀림없이 낭떠러지를 숨기고 있다

계단은 때때로 아코디언 같은 주름을
접었다 폈다하며 오래된 음악을 풀어 놓는다
아카시아 푸른 기억을 한 잎씩 뜯어
발 아래 던져주는 5월
나는 괜스레 손가락을 접었다 폈다하며
그 어느 봄 아카시아향 흩어지던
낡은 계단을 서성거린다

다리미 그 남자

구겨지고 패인 길만이 삶의 길인 줄 알고
휘어진 날들을 잘도 견뎌왔다
사는 건 이리 뜨거워야 한다며

주름진 시간의 물살들을 지우고
새 길 내며 달려온 날들이
끊어진 회로 속에
고스란히 내장되어

그 남자, 소파에 앉아
다리미의 시간을 생각한다
제 몸의 뜨거운 것 다 내어준,
이제는 잊혀진
소모품의 일생을

제3부

한글 사랑

아버지의 손가락 끝에서
가갸거겨 개구리 소리 내던 네가
싫지 않았다

학교 종 땡땡땡 치는 너를
네모 칸에 가두려 애쓰다가
미운 정 들었고
노천명과 김소월이 사슴과
진달래꽃으로 내게 왔을 때
사랑하게 되었다
모국어로 허기를 견뎠다

홀소리와 닿소리가
만나고 헤어지고
안고 업고 포개어지며 빚어내는
무한의 말과 소리에 빠져
더불어 유희하며 해로할 약속을
겁 없이 해버리고 나는 지금
행복한 절망에 빠져 있다

시월

청동하늘에 쩡 금가는 소리
불온한 구름
주머니 비운 바람이
가벼운 듯 무겁고
햇살은 점점 늙어 거칠다

서슴없는 추락이 아름다운 오후
문지르면 시뻘건 녹이 묻어나는
골짜기 돌아 저기 기차가 간다
이윽고 기차는 사라지고
붉은 것들은 왜 그 길 따라
덜컹거리며 오는지

검고 단단해진 강이
서녘으로 저물 때
허기진 철새들 허공 쓱쓱
비벼먹는 소리

고추장 푼 하늘에
한바탕 매운 새떼들
마침내 깨진 접시 하나 걸어 놓는다

새보다 수고하지 못한 사람들
남겨 둘 그 무엇이 없어
긴 그림자 하나씩 강가에 묶고 돌아오는

뭉게구름을 압축한

스티로폼 상자가 배달돼 왔다
택배기사는 바람을 몰고 떠났다
바다가 들어 있으니 즉시
냉동실에 저장하라는 문구가 붙어있다
나는 바다의 끄트머리에
보내준 사람의 이름을 적으며
구름을 압축할 줄 알았던 최초의 누군가에
고마움을 느낀다
그 아니었으면 여름바다는 방파제 끝에서만
머물렀으리

나에게는 나를 향해 파도치는
또 하나의 바다가 있다
뭍으로 다가서지 못하는 그 바다를
이 상자에 밀봉시켜
데려올 수 없을까 궁리해본다

상자의 모서리를 잘못 건드리니
비 되지 못하는 구름송이 하얗게 날린다
모서리를 딱딱 맞춘 구름은 집이 된다
차가운 하늘을 뚫고 선 빌딩들
저들 속에 온기를 품게 하는 것은
이 네모난 구름이다

지하도 구석에 밤이 웅크릴 때
이지러운 짐 태워 재빨리 지하도를
빠져나오게 하는 것도 이 구름이다
그 잠은 구름을 타면 신선이 된다

북한강변 텃밭에서

너른 강 자락에
5월이 시를 쓴다
햇빛과 흙의 푸른 즙 듬뿍 묻혀
붓대 끝에 바람을 올려 쓰는
질푸른 은유의 산문시

시 이랑 따라 넌출넌출 번지는
시심은 이미 멈출 길 없는 도화선
강을 거슬러 오르며
자투리 시간을 살려내고
청벌레들의 은근한 그늘이 된다
이제 이곳에 작은 우주가
깃을 들이리라

6월이 오면
질펀한 푸념 같은 어휘를 솎아
생생한 비유의 밥상을 차리고

우주가 전하는 메시지에
보리밥을 쓱쓱 비벼 고추장처럼
맛있게 매운 시를 쓰리라

목백일홍에 불이 켜지면

공원은 바람을 밀어내기 시작한다
벤치 위 시원한 그늘도 밀어내고
햇님유치원 병아리들도 밀어낸다

밀어낸 자리에 봉숭아가
솔기 터진 옆구리처럼 꽃잎을 터뜨린다
해바라기를 밀어올린 여름이
팔을 치켜드니 매미가 노래하고
리듬과 리듬 사이 명자꽃이 핀다

줄기가 죽을 힘 다해 밀어올린
마디마다 자꾸 꽃이 터지고

나는 옆구리에 알 수 없는 게
근질거려 손톱에 봉숭아물을 들이다가
매미 노래 끝에 간당간당
고향집 감나무를 매달아도 보고

북극성

집으로 가는 당신을 보고 있어요

빛들이 연신 알을 까는 테헤란로, 꼬리 문 유성의 행렬이 낙하할 곳을 스스로 찾아가는 기이한 우주의 한 모퉁이에 초롱만큼 작은 별인 당신은 가장 크고 밝은 빛을 나에게 쏘고 있네요 길 잃은 사람들이 종종 나를 통해 갈 길을 찾지만 한 번도 어긋난 길로 들어서지 않는 영리한 당신, 언제나 나를 등지고 있지만 감출 길 없는 그 빛줄기를, 당신의 발걸음에 매달린 적막을 나는 보아요 우리가 이 우주 속 한 점 먼지였을 때 눈을 가리는 어둠과 알 수 없는 팔에 이끌리어 자꾸만 멀어지면서 우주는 둥글다고 믿었지요 둥글게 원을 그리면 맞잡을 수 있다 생각했지요 그러나 우주는 질서에 의해 움직인다는 것, 한 방향으로 흘러가는 별의 운행 속에 우리가 속해 있다는 것, 별똥별이 되어서도 만날 수 없다는 것을 철든 당신은 이미 알고 있었나요? 앞을 막아서는 빌딩들을 달래며 집으로 가고 있는 당신이 보여요

그런데 당신, 지금 거기에 있나요?

너무 멀리 와버린 내가

연 사흘 내리던 비 그친 오후
연푸른 바람이 닦아놓은 길 따라
다가가는 학동 마을
타작마당까지 마중 나온 돌담이
두 팔로 반긴다

긴 골목 안 청포도 영글던 그 집
새코롬한 유년이 혀끝에 고여오고
무명실로 꿴 감꽃 목걸이
열 살의 목에 묵직하게 걸린다

아무도 없는 텅 빈 마당
봉숭아 꽃물들이던 섬돌 아래
빗물이 저 혼자 바스락거리고
왕자크레파스로 칠하던 파란 하늘에
흰 구름 몇 점 도화지 속 같은 한낮
하늘에 걸린 간짓대 사이 빈 빨랫줄이

팽팽한 적요를 퉁퉁 튕기고 있다

세상의 속도를 아랑곳 않는
숫제 숨을 멈춰버린
고박한 풍경 속에 서서

섬돌처럼 뿌리 내리고 싶다고
저 간짓대처럼 하늘을 받치며
흔들려도 좋아
나 너희와 해로하고 싶다고

너무 멀리 와버린 내가
열 살 아이의 떼를 쓰고 있다

자전거 타기

생각의 바퀴 굴리며
한강변을 달린다

한쪽으로 치우치는 사고思考는
사고事故를 부르지
균형 잡힌 생각을 고루 페달에 얹어
속도를 낸다

나란히 맞댄 강의 어깨 따라
바다로 가고픈 마음 함께 달리고

비린 소리로 달려드는 바람의 기세에
햇살이 가끔씩 기우뚱거리고
함정 같은 구덩이와
넘기 힘들어 보이는 턱이
길을 툭툭 끊어놓지만

그런 것들은 어느새 속도를 내며
지나가버리지
내가 페달을 멈추지만 않으면

짙푸른 하늘색에 이마 적시며
철새들 양 날개에 실린 가을 따라
아득한 미지의 그곳
하얀 꿈의 나라로 달린다

새해맞이

겹겹의 주름진 능선
산의 껍질을 뚫고
붉은 알 하나 솟았다

먼동을 바라고 섰던 사람들
홍건한 알 하나씩 따서
앞섶에 품고

부화시킬 저마다의 둥지로
돌아가는 어깻죽지에
푸른 날개 뾰족이 돋아나고 있다

짚풀 생활사 박물관

물컹거리는 살은 바람에 주고
뼈와 껍질만 남은 지체들이 ·
말씀 한 바구니씩 담고
박물관에 앉아 있다

껍데기*인 살은 가고
순수하고 끈질긴 정신은 남아
아내* 곁을 지키고 있다

* 짚풀 생활사 박물관 : 「껍데기는 가라」의 신동엽 시인의 아내인 인병선 여사가 설립한 민속박물관.

채널 고장 난 계곡

정오 뉴스 피해 숲으로 들다

산 깊숙이 플러그 꽂은 나무들과
디지털 영상으로 실시간 만나다
미세한 소리도 일으키는 디지털
시든 비비추 꽃말을 클로즈업해
보라색 신비로운 음절을 듣다
벌레 먹은 음나무 잎에
사각사각 연둣빛 소리 매달리다

채널 고장난 계곡이
낭떠러지에 소리통 걸고
오래된 LP판처럼,
아는 말이 이것뿐이라는 듯,
먹먹하도록 내리치는 일성一聲

낡은 전축 같은 민박집을 켜니

뉴스는 이곳까지 따라와
노랗고 빨간 소식에 파랑이 뒤섞여
무겁게 까매지는 저녁

밤새워 하얗게 덧칠하는 폭포소리
까망에 하양을 보태니
찰방찰방 푸른 여명 되고

봄비

굳게 닫힌 대지를 두드립니다
맺힌 것들 모두 풀고 이야기꽃
피우자며
두드리다
어루만지다
소곤대며
화해를 청하는
하늘의 몸짓입니다

새 봄 알리는
하늘의 명命입니다
참꽃나무 졸린 볼을
토닥토닥 때리고
어둠의 층계를 내려가
풋풋하고 화사한 봄의
예감을 전합니다

캄캄한 어둠 밀어내는
여린 몸짓들로 환하게
술렁이는 봄날입니다

학동마을에서

학동 돌담에 봄 햇살 하얗다
청람빛 하늘 넓은 오지랖에 작은 마을이 폭 안기어
봄날 꽃잠에 들었다

고향 옛집 반가운 인기척
숨결 같은 연기로 굴뚝에 피고
세월 품고 늙은 마당에 어린 계절의 재롱 한창이다

꽃밥 짓던 유년의 축담에 봄빛 아찔해
헛딛으며 지나온 세월이 빙그르 허공을 돌리는데
아마도 꽃멀미일 거야
복사꽃 저리 어지러우니

봄이 뒤 켠 텃밭을 마악 쓸고 간 참인가
모란꽃 봉오리 통증마냥 붉고
담장에 바짝 붙어선 앵두나무
꽃 진 자리 녹두알만한 수다 왁자하다

산정 취나물 밭을 휘돌아 왔는지
취기 잔뜩 묻은 바람이 치맛자락을
슬쩍 건드리다 어깨를 툭 치다
낯이 익은지 이내 목덜미에 팔을 두른다

반세기 가까운 옛날이 재생되고
편집되어 너른 텃밭에 펼쳐지고
상기된 중년의 눈가 잔주름 사이로
복사꽃 길 환하디

* 축담 : 지대(址臺)의 방언. 대청과 마당 사이에 있는, 신발을 벗어 두는 곳.

바퀴의 노래

나는 구르지 않는 바퀴
진화를 거듭한 공학적 다리로
세상의 틈새를 더듬지
벽과 문명 사이 행간은 따듯하고
어둠의 촉감은 내밀하고 포근해
나는 한밤이면 광장으로 나가
달빛 사이를 산책하고
아름다운 시인과 대화를 나누지*

세상은 나날이 풍요롭고
내 더듬이는 달콤함에 매혹되네
일용할 양식은 누구에게나 신성한 것
한 끼 식사 위해 몸을 깨끗이 단장하는 것은
내 유전자에 새겨진 본능이라네

나는 폭력도 소음도 없는 이상한 바퀴
저들 은유로 지어진 내 이름에

나를 향한 증오가 숨어있음을 나는 알지
동굴에서 만났던 처음부터
나는 저들을 떠나지 못하고
저들은 나를 아파하지 않음을…

생존을 향한 질주
내 이름이 지닌 슬픈 은유는
저들 언어로 박멸되지
하지만 박멸과 소멸, 저들 언어의
틈새에서 나는 부화되고
거듭 부활하며 남을 것이네
저들이 떠나고도 오래오래
지구를 돌리는 수레의
작은 바퀴로

* 월레 소잉카(나이지리아 시인)의 시 「바퀴벌레와 나눈 밤중의 대화」 인용.

새빨간 크리스마스
— 새빨간 거짓말

새벽녘, 거실 귀퉁이에 개미가 바퀴벌레를 낳았다
바퀴벌레는 아침나절 주먹만 한 고구마를 낳고
고구마는 잠시 후 냄비를 딸그락 낳고
냄비가 낳은 부엌이 점심을 먹고 축 널브러져 있다
배가 빵빵해 있던 부엌이 해 질 무렵 빨간 벽돌집을 낳았다
벽돌집은 긴 산통 끝에 머리카락 희끗한 남자를 낳았다
나는 개미의 까마득한 손자뻘인 남자와 함께
온갖 미사美事로 가득 찬 신문을 펼친다
너의섬*이 철새보호구역으로 지정되고
온기 가득한 곳으로 이동하려는 철새들로 장관이라 한다
여론은, 4년 만에 열리는 축제마당에 선보일
꼭짓점 댄스에 환호하고 꼭짓점에 서게 될 새에게 열광한다
에이즈 걸린 남자의 피를 고의적으로 수혈 받은
한 여자가 같은 병에 걸리자 그럴듯한 말로
남자의 선의에 감사를 표했다 한다
세상에서 가장 나쁜 것은 남의 악의를 몰라주는 것
불신은 토마토 가지에서 토마토가 열리게 한다

나는 토마토 가지에 열린 스파게티를 티스푼으로
한 스푼씩 되질해 확신에 찬 저녁을 먹고는
팥으로 메주를 쑤어 꼬리 긴 거미줄로 감춰
파리의 유혹 피해 변기 속에 숨겨 둔다
그리고는 찹쌀로 빚은 맥주 한 컵 쭈욱
들이켜고 마른 입술에 침 발라가며
희끗한 남자가 낳은 달력을 넘긴다
실종된 겨울을 찾아 떠난 12월이 돌아오지 않아
크리스마스가 사라져 버렸다며 남자가 울상이다
지금을 정보화시대라 우기는 달력에게
진실을 말하면 곧바로 화이트크리스마스를
선물하겠노라 얼러 기어이 자백을 받아낸다
'2010년 지금은 삽을 도구로 사용하는 철기시대입니다'
온 땅 위로 새빨간 선물이 내린다
화이트크리스마스!

* 너의섬 : 여의도.

사철 목련꽃 피는 서울역

치익 허공을 찢으며
기적소리 물고 천천히 움직인다
게으른 듯 느릿한 뒤꽁무니에
봄이 매달려간다

역마살 뻗친 내 집으로
또 한 녀석 씩씩대며 들어와
왁자한 소식들 부려 놓는다

서울의 봄은 백화점에서 오지만
시큰거리는 무릎으로 올라오는
남도의 봄은 내 품을 거친다

저기, 구부러진 관절로 꾹꾹
담았을 머위며 씀바귀 마늘쫑
푸성귀들 위로 남해 바다 일렁인다
어제는 강진에서 올라온 처녀가

모란꽃 한 송이 내게 두고 갔다
남도에는 봄이 힘닿는 데까지
와 있노라며 소식도 한 줄 주고 갔다

영원한 평행선의 끝인 내 집
대합실 기둥 뒤에 숨은 배웅이 있고
긴 평행선 끝 만남도 있다

나는 잠시도 잠들 수 없어
층층이 목련 같은 불을 밝히고
오늘도 오가는 이들 안부를 묻는다

토독,

상추를 씻으려는데 토독,
제 존재를 온 몸으로 알리는
끊어질 듯 단단한 목숨의 신호
토독,을 손바닥이 먼저 읽는다

소파에서 졸고 있던 남편이 벌떡
일어나 달려온다
도망가라고 상추 화분을 그리
흔들었는데 굼뜬 녀석인가?

두 손으로 둥글게 품고
옥상 상추밭으로 올라간다

개미만한 방아깨비에게
저 계단은 봄부터 가을까지
푸른 한 생의 거리

토독 토독

그래 그래 알았어 허허

우주의 먼지만한 한 귀퉁이

일순 瞬 환하다

호수는 쓸쓸함의 배경이길 거부한다

개망초 식구들 풀집 짓고 살던 호수마을이었다
달팽이가 거미집 너른 마당을 탐내는 일은 없었다
앞마당에 기둥 박은 층층나무를
아무도 고발하지 않았다

쓸쓸함을 사랑하는 호수에
갈 데 없는 쓸쓸함들이 머물다 갔다
가을 되면 손잡은 쓸쓸함들 찾아오고
호수를 배경으로 서면 그 쓸쓸함은
최상의 쓸쓸함이 되었다

길 건너 공터에 쇠기둥 꽂는 소리 천지를 흔들면서
쓸쓸함들 서둘러 호수를 떠났다
개망초와 억새풀 쫓겨나고
튤립 벚나무가 빙 둘러섰다
높은 집 창들 모두 호수 쪽으로 뚫리고
꽃그늘이 돈이 된다며 똑똑한 손들 몰려왔다

낮밤 없이 켠 꽃등 아래로 씩씩한 길이 생겼다
아무도 그 길을 천천히 걷지 않았다

호수는 쓸쓸함을 버리고 쏠쏠해졌다
이제 호수는 쓸쓸함이 배경이길 거부한다

어릴 적 골목은

환한 그늘이다
폴짝거리며 견주던 키재기다
보름달밤의 다방구
오빠를 간지럼태우던 피아노다
양옥집 이층 명자언니가 연주하는 은파銀波에
골목상회 슬라브 지붕이 하얗게 젖고
오빠들 옆구리마다 박꽃이 터졌다
토슈즈 신은 음표들이 발레를 했다
골목은 긴 콧구멍이다
들숨과 날숨 사이 펑펑 목련이 터지고
바둑이가 새끼를 뱄다
김치찌개 냄새가
노골적으로 담을 넘어왔다
번짐이다
이발소집 소아마비언니 결혼 소식에
골목에는 기쁨이 번지고 더운 말이 오갔다
담벼락의 그늘을 벗기면

부리를 치켜들던 제비꽃
지지배배 점점이 번져갔다
골목은 모자람 없는 결핍
부끄럽지 않은 누추함
연탄이며 대장이다
내 굳어가는 심장을 말랑하게 익혀
의식의 맨 앞에 세운다
골목은 조금씩
잊혀져가는 속 깊던 옛 애인이나
그때는 미처 알지 못했던

풀벌레 소리

가시를 세우며 일어서는 저것은
만개한 찔레꽃밭

내가 너에게 보여주고 싶은
빨간 비단이다

쓸쓸한 우리들의 저녁
사각사각 새벽 두시를 갉아 먹는 불면不眠
혼돈 속에서 주파수 맞추는
불멸의 짝짓기

필사적이므로
숭고하다
도발적이며 아름다워 때때로
귀를 대면
주파수 맞는 더듬이들의 타전
새벽을 끌고 오는 바퀴 소리가

또 한 번 동쪽 하늘을 울릴 때
우리는 기억해야 할 것이다
어둠 속에서 이어지는 생성의 소리를

가시를 세우며 일어서는 저것은
만개한 찔레꽃밭
내가 너에게 보여주고 싶은
빨간 비단
만지면 피가 베고
야음의 담도 필사적으로 넘는

배추벌레의 집

배추벌레는 해 뜨기 전에 잡아야 해
나무젓가락과 빈병을 들고
옥상 텃밭으로 간다
아직은 푸르스름한 미명未明
아침이 밝아오면 빛을 피해
뿌리 가까이로 숨어버린다지
네모난 화분 속 남실대는 배춧잎을
손으로 젖히니 이슬이 방울방울 맺힌
거기, 길게 누운 청벌레
미동도 경계함도 없다
젓가락 든 손이 순간 움찔한다
함부로 깨뜨려선 안 될 것 같은
저 고요는 무엇?
동그랗게 몸을 말아 봐 어서!
안달이 나는데
바람 한 줄기, 아이 손바닥만 한
배춧잎을 흔들고 간다

동녘이 붉어오는 여명까지
꿈쩍 않는 저 세상 모르는 잠에
무슨 이유 있으랴
우주가 지어 놓은 집, 푸른 창 안에
제 몸 하나 눕고 있는 것일 뿐

광장

광장은 벽이다
자주 바람이 인다
정수리에 햇살 붉다
울타리 친 벚나무가 늦은 봄을 팡팡
터뜨리면 노숙의 냄새마저 환하다
중심에서는 늘 집회가 열리고
침묵과 함성으로 밤새우는 날이 많다
중앙 분수가 추락과 날갯짓 거듭하며
무지개다리를 세우고 있다
주변에도 크고 작은 만남으로 북적거리는데
중심과 주변 사이에는 일정한 온도차가 존재한다
그들은 모자이크처럼 각자의 색깔로
광장을 메운다 자전거를 타거나
산책을 하고 노천카페에서 맥주를 마시는
사람들로 광장 한 귀퉁이가 두 뼘쯤
자라고 생기에 넘치기도 한다
광장은 어떤 이에게는 정신이고

또 다른 이는 문화라 한다
그들 사이에 선 바람벽은 굳건하다
함성은 부딪쳐 되돌아가고
구호는 공허하게 맴돈다
꽃그늘 파는 노점상과 비둘기의
공생만이 여전히 유지되고 있다
때로 광장은 밀실보다 어둡다
역사와 정치, 탐욕과 배반의 볼모가 된 광장
암흑은 벽을 뭉개는 힘을 갖고 있다
사람들은 산책을 멈추고 장미꽃을 더듬는다

광장이 통째 바다로 나아가려는 순간이다

틈

닫힌 커튼 틈으로 달빛 스미고
구름 사이로 얼비치는 햇살 눈부시다

바쁜 짬에 마시는 커피 한 모금
깜빡 조는 토막잠 다디달다

바위에 틈바귀 있어
환하게 꽃도 피고 석간수 시리며

햇빛 드나드는 틈 있어
과일에 단맛 든다

공중에 틈 있어 바람이 오가고
마음의 틈으로 정이 오고 간다

우리 사이 틈 있음을 쓸쓸해 말기를
그대와 나 닿을 수 없는 공간 속에
살풋한 기억 잠기고
그리움 깃들이는 것이리니

은행털이

힘없는 백성의
은행銀杏털이는
유죄

힘 센 나으리의
은행銀行털이는
무죄

메주꽃 피다

눈 오는 아침, 올려다본 처마 밑이 절정이다
한 계절 묵언정진 끝에 피운 꽃
지푸라기 잡고 매달린 자리가 생의 정점이다

제 몸속이 온통 꽃인 줄도 모르는
그에게 꽃 피던 시절 또 있었다
나비처럼 소란하던 개화를 지나
다글다글 웃음 굴리던 날들 있었다
콩콩 튀어 올라 구름 만지던 시절
매끄럽게 회전하는 머리통은 달빛에도
튕겨져 나왔다
동그란 것의 탄성彈性은 쓸쓸함의 다른 이름
둥근 것들은 껴안을 수 없고
오롯이 홀로 꽃 피우는 생은 없다

사는 것은 힘 다해 허물어지는 것
씨앗이 제 살 녹여 흙을 부풀리듯

태양을 끌어당겨 붉게 터지는 칸나처럼
온몸으로 너를 당기며 으깨지는 것
개구리울음 끌어안고 와글와글 피는
개구리밥같이 내 우울과 너의 낙관주의가
어떤 결의처럼 뭉쳐져 처마 밑에서
곰팡곰팡 꽃 피우는 것

동그란 몸 버리고 네모 되어 콤콤한 콩
이제 뭉텅뭉텅 베이 문 허공을 돌려주고
생의 마지막 개화 위해 몸 낮출 때
흑진주 같은 눈물로 매화꽃 분분히 피울 때

■ 시집 평설

형식주의 시법과 형이상시법 돋보여

박 진 환

(시인 · 문학평론가)

형식주의 시법과 형이상시법 돋보여

박 진 환
(시인 · 문학평론가)

1. 전제

신비평이 주로 시를 대상으로 이루어지고 있는 비평이란 것은 주지의 사실이다. 역사주의 비평과는 정반대적 입장에서 출발시킨 신비평은 분석주의 비평으로 대표되고 그 방법은 시를 시대나 사회와 연계시켜 이해하고자 하는 태도를 버리고 시 자체를 놓고 분석하고 판단하는 태도를 중시한다. 그 때문에 시인의 전기적 고찰이나 사회적 조건의 고려를 거부한다.

특히 신비평이 중시하는 것은 논리나 합리와 같은 타당성을 중시하는 과학적 진술과는 다른 차원의 언어, 곧 시의 특성을 단어 · 상징 · 이미지 · 의미 등을 통해 풀고자 하는 특수한 초 논리적 언어를 중시한다. 이른바 시를 일컬어 논리를 초월한다거나 논리가 끝나는 곳에서 출발하는 것이 시라고 말하는 것은 이 때문이다.

정서나 관념의 유희를 버리고 견고한 이미지의 구축이 결구시킨 이미지의 미학으로 대표되는 20C 시에 대한 이해는 그래서 구조적 분석이 요구됐고, 그 때문에 시어가 지니는 애매성이나 이미지 · 상징과 같은 논리를 초월한 특수 언어의 분석을 통해 판단하고 평가하고자 했다. 신비평은 바로 이러한 비평의 역할을 자임했던 것이 된다.

문제는 현대시가 신비평 방법을 요구했다는 점인데 이는 현대시가 시대적 · 사회적 연결고리로는 평가를 불가하게 했기 때문이란 이치를 성립시킨다. 그렇다면 신비평 방법에 의해서만 분석 · 평가 · 판단이 가능했던 현대시는 어떤 구조로 짜여져 있었기 때문이었던가에 대한 해명의 선행이 요구된다.

주지하다시피 현대시는 일종의 사물로 쓴 시로서 이는 이미지로 결구된 시라는 것을 의미한다. 정서나 관념 따위의 내면적이고도 정신적인 것들을 이미지로 이동해 개조해 버렸다는 뜻이 된다. 역사주의 비평으로는 접근의 통로가 열리지 않았던 것은 그 때문에 새로운 방법의 요구를 필연화 했으며 이 새로운 방법론의 비평의 역할을 자청한 것이 신비평이었다는 것을 알 수 있게 한다.

정서나 관념의 사물화를 통한 내면적이고도 정신적인 것의 개조는 변용을 필연화했고 변용은 다시 낯설게 쓰기를 필연화한 결과를 초래했다. 이른바 러시아 형식주의 자들의 전매특허품이었던 낯설게 쓰기나 전경화는 바로 이러한 변용의 또 다른 시법의 산물이었다는 것도 주지의 사실이다.

변용은 낯설게 쓰기 전에 낯설게 보는 수용의 전제에서 성립된다. 낯설게 볼 줄 아는 곳에서 낯설게 씌어질 수 있다는 것과 같은 이치다. 그래서 낯설게 쓰기가 내면적인 것의 개조를 통한 변용이었다면 旣成·旣存의 것을 새로운 모습으로 개조해내는 것은 變形이라고 할 수 있다.

대부분의 현대시는 이러한 시법에 의해 씌어지고 있고 그 때문에 신비평의 분석방법을 요구하고 있기도 한데 허영둘 시인의 시도 예외는 아닌 것 같다. 그가 즐겨 동원하고 있는 시법이 그러하고 또 이를 시로써 보여준 변용이나 변형이 다 같이 낯설게 쓰기라는 현대시법에서 시를 출발시키고 있는 것이 되기 때문이다.

여기에 추가할 것이 있다면 변용·변형의 형상화와는 달리 기 존재하는 사물이나 존재가 외양 뒤에 드러내지 않고 숨기고 있는 배후에 감추고 있는 秘義의 발견까지를 형상으로 재구성해주고 있다는 점이다.

매우 바람직한 이러한 시법은 형이상시법과 맥락을 같이

하고 있는 것으로 보아줄 수 있는데 변용·변형과 함께 그의 유니크한 시법의 구사라고 할 수 있을 것 같다.

2. 변용·변형, 그리고 낯설게 쓰기

변용과 변형은 낯설게 쓰기를 필연화 한다. 그 때문에 방법의 다양성에도 불구하고 형상화라는 귀결점으로 일원화 하게 된다. 변용·변형·낯설게 쓰기가 다 같이 변용이란 한 뿌리에서 태어난 여러 얼굴이기 때문이다. 이를 시를 제시, 구체화 했을 때 허영둘 시인의 시집 『달의 엄지발가락』의 미학은 드러날 것으로 여겨진다. 먼저 변용의 시편들을 제시해 본다.

가) 찬밥 더운밥 가리지 않고 참 많이도 먹었다
웃음은 팝콘처럼 튀겨 먹고
스무 살은 갓 끓여낸 선짓국처럼 후후 불며 먹고
시어머니는 고추장에 쿡 찍어 칼칼하게
잠은 파자마처럼 헐렁하게 먹고
그리움은 공중에 둥실 띄운 살구꽃 한 채
만개한 분홍으로 흐드러지게 먹고

골목시장 생선 파는 민수 할머니의
고등어 다듬는 칼날에 말랑말랑

먹고 싶은 손자들과의 여생이 있고
거리로 내쫓긴 철거민들 구호에는
마주앉아 먹고 싶은 따뜻한 밥상이 있다

나) 지구가 둥글다구요?
때로는 삐걱거리는 자전소리에
밤을 꼬박 새우는 걸요
그런 아침이면
각진 하루를 착착 접어
배낭에 넣고 산에 오릅니다

산 초입에 왈칵 쏟아놓은
루비보다 붉은 채송화를 만납니다
반짝이는 꽃술 따라가다 바라보니
세상은 커다란 보석함입니다

다) 문득 앞을 지나치는 얼굴
흰 얼굴 갸웃이 빠른 걸음의
여전한 그가 휙,
서른 해를 순간으로 그으며 스쳐간다
한 시절 나를 그토록 아프게 하던,
내 생의 바깥으로 떠나버린 이름

아내인 듯한 동행과 정답다
어느새 중년인 그가 손으로 해를 가리며
왼편 대웅전 쪽으로 들어갈 때
다른 시공에 선 것 같은 그를
망연히 바라만보다 차에 오르는데
절 앞 연못에 백련이 전생이듯 아득하다

예시 가)는 「나이를 먹다」 1, 2연이고, 나)는 「중력에 맞서다」 일부, 그리고 다)는 「겁외」의 종연이다. 시의 제목이 보여주듯 '나이', '중력', '겁외'는 동류항의 내면적인 것들이다.

예시 가)에서 '나이를 먹다'는 정작 주제인 '나이'는 뒤에 감추고 '먹다'만을 전면에 배치시켜, 나서 자란 햇수로서의 자연 연령인 '나이'를 '먹다'라는 사실로 이동시켜 낯설게 하고 있다. 일종의 선경화라고나 할까, 아수 낯설게 하고 있는데 이는 '나이를 먹다'는 햇수에 이르는 고정관념의 자동전달의 관념을 해체 내지 의도적으로 차단해 버리고 있기 때문이다. 대신 '먹다'라는 동류항을 전면에 배치하고 있는데 '찬밥 더운밥 가리지 않고 참 많이 먹었다'든지, '스무 살은 갓 끓여 낸 선짓국처럼 후후 불며 먹고'라든지, '잠은 파자마처럼 헐렁하게 먹고' 등의 시행들은 이를 잘 말해주고 있다. 해석이야 어떻건 '나이를 먹는다'는 사실의 고정관념과는 매우 동떨어진 遠引的 비유를 빌어 메타화하고 있는데 이는 정신적인 무형의 것들을 사물을 빌어 의도적으로 낯설게 꾸민 변용에 값하는 것이 된다.

예시 나)의 '중력'도 지구 위에 떠 있는 인력으로서 존재는 하면서도 무형의 것이다. 이 무형의 것을 의외의 사실, 곧 연상 밖의 것들을 끌어 들여 구체화해주고 있다. 등정에서 체험하는 보이지는 않지만 감지하는 중력을 의외의 연상들을 동원, 재구성해 줌으로써 탈구현상을 드러내고 있는데 이 또한 중력이 환기시키는 자동전달의 고정관념을 차단, 새로운 관념을 탄생시켜 재구성 해주고 있다는 점에서 의도적 낯설게 꾸민 변용으로 볼 수 있다.

예시 다)도 예외는 아니다. '겁외'가 정확히 어떤 뜻인지 사전에는 없지만 겁을 주거나 위협을 느끼게 하는 정서적 두려움의 표현인 것 같기도 하고, 달리는 세월 밖의 시간쯤으로 이해된다.

사찰 일듯 싶은 곳에 들렀다가 '문득 앞을 지나치는 얼굴'을 목도한다. 목도와 함께 '서른 해'가 스쳐지나가고, '한 시절 나를 그토록 아프게 하던,' , '내 생의 바깥으로 떠나버린 이름'을 떠올리며 속으로 뇌어본다.

누구나 한번 쯤 있었음직한 옛 애인과의 조우에서 체험했던 정서가, 정서와는 전혀 동떨어진 연상에 의해 형상으로 재구성되고 있는데 이 또한 변용의 낯설게 쓰기라 할 수 있다.

다음으로 내면적이고도 정신적인 것의 개조를 통한 변용과는 달리 기 주어진 사물이나 존재를 새로운 형상으로 재구성 해줌으로써 성립시키는 변형의 낯설게 쓰기를 보자.

가) 봄비가 보리밭을 자근자근 밟는 일이나
아스팔트에 발자국 꾹꾹 찍는 낙화는
허공을 실하게 엮으려는 발의 의지
이보다 환한 의지를 나는 알지 못합니다
공룡의 흔적은 차가운 발로 남지만
그 발로 달려온 사람의 저녁은 따스합니다
길을 움켜쥔 발가락을 거둬
수축과 이완을 반복하는 저녁
차르륵차르륵 바다를 굴리는 소리
달이 발가락으로 밤새 대양을 굴리는 것은
아침을 데려오기 위한 것
달의 엄지발가락이 굳은살로 딱딱합니다

나) 둥글둥글 도는 세상
스텝 바이 스텝 이런 거 몰라도 돼요
설익은 생각, 단단한 고집, 물컹한 게으름
요리조리 해결 안 되는 세상사 몽땅
무대에 올리고 둥글게 둥글게
춤이나 추자구요

까짓 거 세상살이 뭐 별 거 있나요?
졸이고 볶고 속 태우던 어제
부글부글 끓어 넘치는 오늘
이제 싹 잊자구요
빙글빙글 춤이나 추며
손 끝 하나로 살맛나는
세상 만들어 보자구요

자, 저와 몇 분 추시렵니까?

다) 시금치를 데친다
건져낸 나물은 흙에서 보다
푸르다

손가락만 살짝 대면 화르르
열 올리는 네 개의 분화구
울퉁불퉁한 고구마를
포근포근 구슬리고
개성 강한 양파 고추 된장들
바글바글 속 끓여
조화롭게 만드는 재주도 지녔다
나는 하루에도 몇 번씩

나를 말랑하게 굽고 싶어
무거운 마음을 올려 보지만

단단한 뼈도 구워삶아
살아온 내력을 구수하게 풀어내게 하는
힘을 가진 그도
나를 버렸다
이렇게 단단한 껍질은 본 적이 없다며

가)는 「달의 엄지발가락」의 일부이고, 나)는 「훌라 전자레인지」, 다)는 「가스불」의 전문이다. 예외 없이 예시들이 환기시키는 것은 시의 제목과는 전혀 동떨어진 이질적인 것들의 동원으로 짜 맞춰진 낯설음이다. 이를 달리 지적하면 시적 내상이 환기시키는 자동전날의 고정관념을 의도적으로 차단, 비친숙성의 것으로 대체, 시인이 드러내고자 했던 본디의 것을 철저히 위장했음을 의미한다. 짐짓 시로써 드러내고자 한 것은 뒤에 숨기고 비친숙성의 이질적인 것들을 전면에 배치한 전경화 작업의 산물이란 뜻이다.

예시 가)에서의 시행 '봄비가 보리밭을 자근자근 밟는' 일이나, '아스팔트에 발자국 꾹꾹 찍는 낙화'는 달의 엄지발가락과는 잇대일 수 없는 의외의 것이자 동떨어지고 이질적인 것들이다. 그러면서도 발가락의 여러 이미지가 재구성해내는 원인적 비유를 성립시킴으로써 변형의 효과를 톡톡히 발휘하고 있다.

예시 나) 「훌라 전자레인지」도 같은 맥락성을 지닌다. '졸이고 볶고', '부글부글 끓'는 시행을 제하면 그 어느 시행의 행간에도 전자레인지라는 본디의 것이 끼어들 틈이 없기 때문인데 이는 전자레인지가 환기시키는 자동전달의 고정관념을 차단, 의외의 연상으로 동원된 비친숙성의 이미지들을 동원 재구성했기 때문이다. 곧 본디의 것은 뒤에 감춰 후경화하고, 시인이 의도한 이미지들을 전진 배치했다는 뜻인데 예시 다)도 예외는 아니다. 이점에서 변형의 예시들은 예외없이 전경화의 산물로 보아줄 수 있다.

이상의 낯설게 쓰기나 전경화를 통해 보여준 변용과 변형이 전자의 경우 정신적, 내면적인 것의 형상화였고, 후자의 경우 기존・기성의 것을 새로운 모습으로 개조해내는 형상화였다면 비의의 발견을 형상으로 재구성해주는 시법은 형이상시법으로 보아 줄 수 있을 것 같다. 왜냐하면 형이하적 사물과 그 사물의 배후에 가려진 형이상적 계시의 발견이 비의이기 때문인데 허영둘 시인의 시를 그중 광채 있게 하는 것이 이 부분이 아닌가 싶다.

3. 秘義의 발견과 형이상시법

형이상시는 형이상적인 것과 형이하적인 것을 합성 내지

결합시켜 시의 질서를 총체화하는 시법에 의존한다. 그 때문에 형이상과 형이하의 양극성이 있고, 이 양극성의 것을 합성해내는, 원인적 비유를 성립시키는 기발한 착상의 컨시트가 요구된다.

허영둘 시인의 시에서 흔히 발견되는 이러한 시법들은 그가 형이상시법에서 자신의 시를 출발시켰다는 것을 말해 주는 것이 된다.

가) 옹기종기 매달린 항아리들, 달을 가득 채운 달항아리들에게서 향기가 뿜어져 나온다 비할 바 없는 향기를 깨물면 이른 봄부터 햇빛 쓸어 모으던 비질 소리 들리고 햇살 뭉쳐 물레를 돌리던 손금 없이 맨질한 손이 만져진다 바람의 가닥을 한 줄 한 줄 고르던 고집스런 그의 숨소리, 달빛에 떠는 심장노 불컹 씹힌다

나) 볕 좋은 창가에서 책을 읽는데
홀연 날아든 민들레 홀씨 한 점
책갈피 위에서 춤을 춘다

날숨에 호르르 날리는 저 가벼움

어느 가풀진 언덕이나

아스팔트 갈라진 틈새가
제 터전이었을

이 세상에서 다음 생으로 건너가는
저 홀홀히 가벼운 춤사위
이리도 환한

다) 힘줄 굵어진 잎사귀
탱탱한 햇살 밟고 간다
조막손이 말아 쥔 허공을
성큼성큼 딛고 간다

내딛는 발자국 아래로
푸른 그늘이 내린다
세상 따가움 견딘 이만이
품을 수 있는 담담한 그늘이다

누군가에게 한 뼘의 그늘도 되지 못한 내가
넉넉한 그늘에 하루를 기대고 보니
칠월에 문득 미안하다
무성한 초록의 정수리까지
물 길어 올리는 칠월의 노고를

잊고 있었다

살아가는 동안 누군가를 위해
머릇잎 한 잎만큼의
잔잔하고 환한 그늘이
될 수 있을까

예시 가)는 「복숭아」 일부, 나)는 「저 홀홀히 가벼운」, 그리고 다)는 「청머루 그늘에서」의 각각 전문이다. 예시들은 앞의 변용이나 변형과는 또 다른, 주어진 시적 대상의 배후에 가려진 秘義 또는 계시 같은 것들을 발견, 형이상적 의미를 부여하거나, 형이상적 대상과 합성시켜 시의 총체성에 기여함으로써 형이상시의 면모를 보여주고 있다.

예시 가)에서는 '복숭아'라는 사불을 노래하면서 그 외형의 변형을 통한 낯설게 쓰기가 아닌, 그 배후에 가려져 드러나지 않는 '햇빛 쓸어 모으던 비질 소리', '햇살 뭉쳐 물레를 돌리던 손금 없이 맨질한 손', '고집스런 그의 숨소리', '달빛에 떠는 심장'을 형상으로 이끌어 내는 것이 곧 비의의 발견이다. 육안에 의한 의도적 제작으로서의 형상화가 아닌, 심안이나 개안에 의해서만 발견되고 이끌어 낼 수 있는 이런 비의의 발견이 다름 아닌 시적 見者로서의 시각이다.

예시 나)는 민들레를 대상으로 하고 있는데 홀씨로 흩어져 날아가는, 책갈피위에 떨어진 씨방을 통해 '이 세상에서 다음 생으로 건너가는', 또 다른 생을 읽는다. 불교적 시각이라 해도 좋고 깨달음이라고 해도 좋을 윤회적 연속성을 이끌어내는 형이상적 생의 파악이 다름 아닌 민들레의 배후에 숨겨져 있는 계시성으로서의 비의이고 이를 발견해내는 것이 곧 형이상적 견자 시각이다.

예시 다)의 청머루 그늘에 앉아 잠시 쉬면서 깨닫는 '그늘'을 통해 종연에서 볼 수 있듯이 '살아가는 동안 누군가를 위해/머룻잎 한 잎만큼의 / 잔잔하고 환한 그늘이 / 될 수 있을까'라고 설의하면서 누군가의 볕을 가려 줄 그늘이기를 희망해 본다. 일종의 자신의 생을 빌어 파악해보는 이타 정신의 불성쯤이 되는 이러한 형이상적 파악은 곧 '그늘'이라는 현상 뒤에 가려져 있는 이타정신의 발견쯤이 된다. 이 또한 형이상적 발상으로서 허영둘 시인의 시가 형이상적 시와 맥락관계를 잇대이고 있다는 것을 말해주는 것들이 된다.

사물과 사물 뒤에 가려져 드러나지 않는 비의의 발견을 시의 질서로 이끌어내는 합일의 시법, 그것이 다름 아닌 착상의 기발성을 빌어 성립시키는 컨시트에의 의탁이다. 허영둘의 시에 자주 발견되는 컨시트는 여기에 연유한다. 시를 제시해 본다.

가) 섬은 바다에 갇힌

종신 유배지

섬에 갇혀 살면서
한사코
뭍을 향해

가슴으로 밀어올린
그리움의
포복

나) 불을 품었다

보호색 두르고
풀밭에 숨어
도모하는

한여름의 적화야욕赤化野慾

다) 계단에 업혀 집으로 올라간다

새들이 발자국 따라
나무 구멍 속으로 찾아들 듯

집의 구멍을 접어 만든 계단으로
저녁이 총총 들어선다
통뼈 같은 빌딩 숲을 떠돌다
마디가 굳어 돌아온 사람들 앞에
등 내미는 계단은 수십 개의
구부러진 관절이다
관절 없는 것에게는 업힐 수가 없다
나도 어머니의 구부린 관절에 업혀 자랐고
어머니는 온몸 관절로 내 몸피를 키웠다
어머니의 관절을 만지면
병든 속으로 내려가는 계단이 보인다

예시 가)는 「파도」, 나)는 「수박」의 각각 전문이고 다)는 「계단」의 일부이다. 예시마다 당돌한 의외적인 이미지를 이끌어 내어 시적 대상을 재구성해내는 순발력으로서의 기지와 기발성으로서의 컨시트를 보여주고 있는데 돋보이는 시편들이다.

예시 가)에서의 '바다에 갇힌 종신 유배지로서의 섬'과 '섬에 갇혀 사는' 삶의 양극화를 뭍을 그리는 그리움의 파도로 변용, 한사코 밀어올리는 섬으로부터의 일탈이고자 하는 정신 지향으로 연계시키는 기발성과 위트는 일품이다.

예시 나)도 '수박'을 '한여름의 적화야욕'이란 엉뚱하고 당돌하며 의외적인 착상으로 의미와 의미에 연계 내지 사물로 이동시킨 메타포는 휠라이트의 지적처럼 시에 광채를 더해주고 있다.

예시 다)의 계단은 충격적일만큼 착상이 기발하다. '계단에 업혀 집으로 올라간다'나 '집의 구멍을 접어 만든 계단' 그리고 '등 내미는 계단은 수십 개의 / 구부러진 관절'이란 착상은 신선하고도 충격적인 컨시트에 값하는 것들이라 할 수 있다.

4. 결어

지금까지의 지적은 허영둘 시인의 시집『달의 엄지발가락』을 일별해 본 것을 정리해 본 것이다. 이를 결론적으로 집약하면 변용·변형·낯설게 쓰기 그리고 사물 뒤의 비의의 발견 등이 될 것으로 본다. 그리고 이는 허영둘 시인이 러시아 형식주의의 시법과 형이상 시법을 자신의 시법으로 원용, 시를 출발시켰음을 의미하고 또 이를 성공적으로 실천, 시적 성과를 획득하고 있다고 할 수 있다.

•

허영둘 시인은 1955년 경남 고성에서 태어나 부산에서 성장했다. 『조선문학』으로 등단했고, 조선문학문인회, 송파문인협회 회원이며 복숭아문학상을 수상했다. 중앙대학교 예술대학원 문예창작 전문가과정을 수료했다.

•

조선문학시인선 • 282

달의 엄지발가락

2010년 10월 20일 인쇄
2010년 10월 25일 발행

지은이 / 허영둘
발행인 / 박진환
펴낸곳 / 조선문학사
등록번호 / 1-2733

주소 • 110-092 서울 서대문구 홍제2동 96-4
대표전화 / 730-2255
팩스 / 723-9373

ISBN 978-89-93614-43-5

정가 8,000원

* 인지는 저자와 합의 하에 생략
* 잘못된 책은 서점에서 교환해 드립니다.